PRESS
Tim in Tibet

HÄRRINGERS SPOTTSCHAU

HÄRRINGERS SPOTTSCHAU

DAS BESTE AUS DEM  JAHR 2008

stiebner

Umschlaggestaltung und alle Illustrationen Innenteil:
Christoph Härringer, www.spottschau.com

Bibliografische Information Der Deutschen Bibliothek
Die Deutsche Bibliothek verzeichnet diese Publikation in der Deutschen Nationalbibliografie;
detaillierte bibliografische Daten sind im Internet über http://dnb.ddb.de abrufbar.

1. Auflage 2008

Gesamtherstellung: Stiebner, München
Printed in Germany

ISBN 978-3-8307-1680-8

www.stiebner.com

HÄRRINGERs SPOTTSCHAU

FC BAYERN
BUNDESLIGA 2007/08:
DIE SPANNUNG STEIGT
INS UNERTRÄGLICHE!

Bayern gibt so viel Geld für neue Spieler aus wie der Rest der Liga zusammen

HÄRRINGERS SPOTTSCHAU

HERR HOENESS, WIE EMPFANDEN SIE DAS ABSCHIEDSSPIEL FÜR MEHMET SCHOLL AM MITTWOCH?
ACH, DAS IST SCHON EIN EINMALIGES ERLEBNIS, WENN DU IN DAS STADION DEINER GRÖSSTEN ERFOLGE ZURÜCKKEHRST, UND DAS PUBLIKUM RUFT DIE GANZE ZEIT DEINEN NAMEN, UND DU WEISST: DAS HAST DU DIR WIRKLICH VERDIENT.
ER WAR DEN TRÄNEN NAH.
ICH WEISS NICHT, WAS DU HAST:
GENAU DAS BIETEN WIR DEM KLOSE HEUTE NACHMITTAG.
KLOSE
DU ARS

Nur ein paar Wochen nach seinem erzwungenen Wechsel kehrt Miro Klose mit den Bayern nach Bremen zurück

HÄRRINGERs SPOTTSCHAU

DANK JOGI LÖW STEHT DER DEUTSCHE FUSSBALL SO GUT DA WIE LANGE NICHT MEHR.
DER WAR MAL DEIN HANDLANGER. ABER ER HAT NACH DER WM WEITERGEMACHT UND NICHT EINFACH ALLES HINGE-SCHMISSEN!
ABER DEBBIE, DAS HAB' ICH DOCH FÜR DIE FAMILIE...
FAMILIE! HA! WENN ICH DAS NUR HÖRE!
STATT-DESSEN GUCKST DU DEN GANZEN TAG CABLE TV UND SIEHST ZU, WIE ANDERE DEINE LORBEEREN ERNTEN!
DU BRINGST JA NOCH NICHT MAL DIE KINDER INS COLLEGE ODER DEN MÜLL VOR DIE TÜR!
ABER DER ARME KLINSI WAR JA NACH DER WM SOOO GESTRESST UND MUSSTE ERSTMAL DIE EINDRÜCKE DER LETZTEN MONATE VERARBEITEN.
HEY, DER LÖW HATTE DENSELBEN STRESS UND GAR KEINEN URLAUB!
DAS SOMMER-MÄRCHEN IST ZU ENDE, HÖRST DU?! SEIT EINEM JAHR!
ES IST HÖCHSTE ZEIT, DASS DU DIR WIEDER EINEN JOB SUCHST!
JAA, TU ICH JA.
ICH MUSS NUR ERSTMAL DIE EINDRÜCKE DER LETZTEN 10 MINUTEN VERARBEITEN.

HÄRRINGERS SPOTTSCHAU

TUT MIR LEID, HERR MATTHÄUS, ICH HABE IMMER NOCH NICHTS FÜR SIE.
DER POSTEN DES BUNDESTRAINERS HAT EINFACH EINE RELATIV GERINGE FLUKTUATION...
VIELLEICHT SOLLTEN SIE TROTZ IHRER ÜBERQUALIFIKATION DEN KREIS DER POTENZIELLEN ARBEITGEBER ETWAS ERWEITERN:
GUT, ZUR NOT WÜRDE ICH AUCH EINEN GEWÖHNLICHEN BUNDESLIGAVEREIN TRAINIEREN.
NIEMAND SUCHT EINEN TRAINER.
UND EINEN ASSI? EINEN MASSEUR? EINEN GREEN-KEEPER?!
FEHLANZEIGE.
HÖREN SIE, ICH MUSS ZURÜCK INS RAMPENLICHT! ICH WÜRDE ALLES TUN, UM WIEDER IN DIE BUNDESLIGA ZU KOMMEN! EGAL ALS WAS!!
HMM.... VIELLEICHT PASST IHNEN DAS HIER...
EIN GEWISSER ULI HOENESS SCHREIBT EINE STELLE AUS:
SIE WÄREN BEI JEDEM HEIMSPIEL DES FC BAYERN AUF DEM PLATZ UND BEKOMMEN SOGAR DIE ARBEITSKLEIDUNG GESTELLT.
DER HOENESS?! HA! DEM ZAHL' ICH'S HEIM, DASS ER MICH DAMALS LÄCHERLICH GEMACHT HAT!
ICH NEHM' DEN JOB!
HA!HA! SCHAUT'S EUCH MAL DEN DA AN!
DAS IST JA DAS ZWEIT-PEINLICHSTE, DAS ICH JE IN EINEM STADION GESEHEN HABE...
...NACH LOTHAR MATTHÄUS!
HOENESS WURST

HÄRRINGERs SPOTTSCHAU

ZUM ERSTEN MAL IM DEUTSCHEN PROFIFUSSBALL WURDE EIN SPIEL VON EINER FRAU GELEITET.
DIE DEUTSCHEN FUSSBALL-FRAUEN SIND WELTMEISTERINNEN. SIE BESIEGTEN DIE BRASILIANERINNEN MIT 2:0. DIE BUNDESKANZLERIN GRATULIER...
ZAPP!
FRAUEN IM FUSSBALL, FRAUEN IN DER POLITIK...
MAN KANN'S AUCH ÜBERTREIBEN MIT DER GLEICH-BERECHTIGUNG!
DIE BRINGEN NUR DIE NORMALEN MÄDELS AUF DUMME GEDANKEN.
ZUM GLÜCK IST WENIGSTENS BEI MIR ZU HAUSE KLAR, WER AN DEN HERD GEHÖRT.
HEE, ALTE, WO BLEIBT MEIN ABEND-ESSEN?!
SCHON UNTERWEGS!

HÄRRINGERS SPOTTSCHAU

ALSO ENTWEDER IST DAS RUMPELSTILZCHEN, ODER DAS SOMMERMÄRCHEN IST WIRKLICH SCHON VORBEI...
0:3

Das 0:3 gegen Tschechien ist das bisher schlechteste Länderspiel der Ara Löw

HÄRRINGERs SPOTTSCHAU

ICH WEISS NICHT, WIE MONSIEUR LEHMANN DARAUF KOMMT, DASS ICH IHN HIER BEI ARSENAL DEMÜTIGEN MÖCHTE...
STOOPid
HÄRRINGER

Jens Lehmann hat schon bessere Tage in London gesehen

HÄRRINGERS SPOTTSCHAU

Die deutschen Klubs blamieren sich in der Vorrunde der Champions League

HÄRRINGERs SPOTTSCHAU

DER HITZFELD HAT MIT SEINEN ROTATIONEN DEN SIEG VERSCHENKT! ICH BIN STOCK-SAUER!
WAS GLAUBT IHR FANS DENN, WER IHR SEID?! IHR KÖNNT FROH SEIN, DASS WIR EUCH ÜBERHAUPT INS STADION LASSEN!
?!
Franz:
„Ja, spinnt's
hr denn, sowas in der
Öffentlichkeit
auszutragen?
HÄRRINGER

HÄRRINGERS SPOTTSCHAU

Rudi Völler wirft Oliver Bierhoff vor, mit den Erfolgen der Nationalmannschaft anzugeben

HÄRRINGERs SPOTTSCHAU

RUBEL
KIND AUF DER SUCHE NACH GROSSINVESTOREN

Hannovers Präsident Martin Kind fordert, dass Großinvestoren mehrheitlich bei Bundesligaklubs einsteigen dürfen

HÄRRINGERs SPOTTSCHAU

NEULICH, BEI DER BAYERN-WEIHNACHTSFEIER
IHR KÖNNT MICH ALLE MAL!
ICH GEH´ LIEBER HEIM ZU MEINER FAMILIE!
ÄH... DA UNSER KAPITÄN UNPÄSSLICH IST, HÄLT JETZT MARK VAN BOMMEL DIE FESTREDE.
IIICH?! ABER...
WAS... WAS SOLL ICH DENN ERZÄHLEN?
WAS WEISS ICH?! IRGENDEINE WEIHNACHTS-ANEKDOTE!
VOR ALLEM IRGENDWAS, DAS DIE STIMMUNG WIEDER AUFHEITERT!
OJEOJE...
NA GUT...
ÄH... ICH HAB´ DA MAL EINE LUSTIGE GESCHICHTE GEHÖRT...
DAS WAR VOR MEINER ZEIT IN DEUTSCHLAND, UND ICH WEISS NICHT MEHR, WO UND WANN...
AUF JEDEN FALL HAT DAMALS EINER BEI DER WEIHNACHTSFEIER ZU TIEF INS GLAS GESCHAUT...
...UND DIE BLONDINE VON DER GESCHÄFTSSTELLE GESCHWÄNGERT!

Der vorzeitige Abgang des Kapitäns sorgt für Missstimmung bei der Bayern-Weihnachtsfeier

HÄRRINGERs SPOTTSCHAU

PRESSEKONFERENZ BEIM FC BAYERN
WER MICH ENGAGIERT, WEISS JA, DASS ER MEHR BEKOMMT ALS EINEN REINEN ÜBUNGSLEITER.
ICH WERDE ERSTMAL DEN GANZEN LADEN AUSEINANDERNEHMEN UND DIE VERKRUSTETEN STRUKTUREN REFORMIEREN.

Völlig überraschend präsentiert der FC Bayern Jürgen Klinsmann als Trainer für die neue Saison

HÄRRINGERS SPOTTSCHAU

ÄH, SEPP, PASS AUF: DER KLINSMANN HAT ANGERUFEN, ER WILL, DASS DU...
DER KLINSMANN?! HA! ICH KANN MIR SCHON DENKEN, WAS DER WILL, DER KLINSMANN!
ABER NEIN, SO EINFACH LASS' ICH MICH NICHT VON HIER VERTREIBEN!
UND WENN ER SICH AUF DEN KOPF STELLT: ICH WERD' GENAU DAS GEGENTEIL VON DEM TUN, WAS ER WILL, DER KLINSMANN!
NUN, ER SAGT, DASS DU DER BESTE TORWARTTRAINER DER WELT BIST UND ER DICH UNBEDINGT BEHALTEN WILL...
?!!
DAS WÜRDE IHM SO PASSEN!
ABER ICH HAB' MEINE PRINZIPIEN, UND WENN ICH DER EINZIGE IN DIESEM LADEN BIN!
ICH GEHE!!!
ES... ES HAT TATSÄCHLICH FUNKTIONIERT. ER IST WEG.
GUT. UND JETZT SAGST DU DEM KAHN, DASS ICH IHN UNBEDINGT BEHALTEN WILL UND HOLST DEN LEHMANN.
?!!

Sepp Maier, einst beim DFB von Klinsmann aussortiert, kündigt seinen Abschied als Bayern-Torwarttrainer an

HÄRRINGERs SPOTTSCHAU

HESSEN SCHICKT EINEN PROBLEMATISCHEN JUGENDLICHEN NACH SIBIRIEN.
IN EINEM SPEZIELLEN CAMP SOLL ER SICH ABREAGIEREN UND DIE GRUNDREGELN MENSCHLICHEN ZUSAMMENLEBENS ERLERNEN.
DIE METHODE IST VIELVERSPRECHEND UND SOLL DER GESELLSCHAFT DEN SCHADEN UND DAMIT AUCH HOHE KOSTEN ERSPAREN.
8 Mio€
TUT MIR LEID, ICH KANN DEN FLUG FÜR CARLOS ALBERTO NICHT UMBUCHEN - ER IST SOEBEN GESTARTET.
SÃO PAULO
GATE CLOSED

Werder leiht seinen Problemfall Carlos Alberto nach São Paulo aus

Extrawurst für den Rekordnationalspieler: Lothar Matthäus darf den DFB-Trainerlehrgang im Schnelldurchgang absolvieren

PAPPA ANTE PORTAS
KLEIN-GÄRTNER VEREIN Schrebergück e.V.
KOMISCHER KAUZ, DER NEUE.
JA, DER TUT SO, ALS OB ER DAS ROSENZÜCHTEN ERFUNDEN HÄTTE.
ICH WOLLTE IHN INTERVIEWEN FÜR DAS MITGLIEDER-BLATT, DA HAT ER MICH ÜBEL BELEIDIGT.
MIR HAT ER GESAGT, ER SEI VON HAUS AUS KOMMUNIST.
UND MICH WOLLTE ER ERSCHIESSEN!
ACH, DER KLOPFT HALT GERNE SPRÜCHE. ICH FIND' IHN ZIEMLICH COOL.
WO ER NUR DIESE ABGEFAHRENE DESIGNER-VASE HER HAT?
DFB POK

Nürnbergs Pokalheld Hans Meyer kann sich nach seinem Rauswurf wieder seinem Hobby widmen

HÄRRINGERS SPOTTSCHAU

SAG MAL, MIRKO, WIE KOMMST DU NUR DARAUF, DASS WIR HINTER DEINEM RÜCKEN MIT ANDEREN TRAINERN VERHANDELN?!
HÄRRINGER

Trotz des Einzugs ins Champions-League-Viertelfinale sind Mirko Slomkas Tage als Schalke-Trainer gezählt

HÄRRINGERS SPOTTSCHAU

WAS SIND DENN DAS FÜR MANIEREN?! AB IN DEIN ZIMMER!
MANCHMAL FRAG' ICH MICH, OB DIE JUGEND VON HEUTE ÜBERHAUPT NOCH VORBILDER HAT...
DIEGO
MARIO GOMEZ
MARK VAN BOMMEL
JAN KOLLER

In der heißen Phase der Saison liegen bei einigen Stars die Nerven blank

HÄRRINGERs SPOTTSCHAU

ISL-PROZESS: FUNKTIONÄRE ERHIELTEN "KOMMISSIONEN" IN MILLIONENHÖHE
TJA – SO EIN APPARAT LÄUFT NUR, WENN ER GUT GESCHMIERT IST...
ISL
ISMM
FIBA
ATP
ITF
CAF
FINA
ADIDA
GREMIO
OCA
IAAF
CONMEBOL
FLAMENGO
UEFA
IOC
FIFA
CART
CONCACAF
W E L T S P O R T
HÄRRINGER

Beim ISL-Korruptions-Prozess in der Schweiz sieht auch der letzte Sport-Romantiker, wie das große Spiel funktioniert

HÄRRINGERS SPOTTSCHAU

BLEIB ICH ODER SPRING ICH AB?
BLEIB ICH ODER SPRING ICH AB?
1. FC KÖLN
DIE UNGLAUBLICHE REISE IN EINEM VERRÜCKTEN FLUGZEUG

Kölns Trainer Christoph Daum hält Fans und Vorstand mit täglich wechselnden Zukunftsprognosen in Atem

HÄRRINGERS SPOTTSCHAU

DER FC BAYERN WILL SICH UNTER JÜRGEN KLINSMANN VERSTÄRKT ABSCHOTTEN.
SO SOLL DAS TRAINING DER PROFIS KÜNFTIG UNTER AUSSCHLUSS DER ÖFFENTLICHKEIT STATTFINDEN.
WAS SOLL DAS DENN?!
ACH, ICH KANN DIE SCHON VERSTEHEN, DIE BAYERN.
STELL DIR MAL VOR, DU WÜRDEST BEI DER ARBEIT STÄNDIG VON FREMDEN LEUTEN BEOBACHTET WERDEN...
LIDL

Der Discounter LIDL ließ seine Mitarbeiter jahrelang überwachen

HÄRRINGERs SPOTTSCHAU

I DON'T UNDERSTAND IT.
WIE KANN ES NUR SEIN, DASS SICH DAS ENGLISCHE NATIONALTEAM NICHT MAL FÜR DIE EM QUALIFIZIERT...
...ABER UNSERE CLUBS MIT MODERNEM FUSSBALL DIE CHAMPIONS LEAGUE DOMINIEREN?
ICH WERD' SIE MAL FRAGEN, UNSERE JUNGS.
VERSTEHT IHR DAS?
WAT?
COMMENT?
PERDÂO?
JAG FÖRSTÅR INTE.
¿QUÉ?
Повтори, пожалуйста.
PARDON?
?!
COME?
ALSO, ICH VERSTEH' HIER SCHON LANGE NICHTS MEHR...

Nur eine Woche nach dem 0:5 in München muss Dortmund im Pokalfinale wieder gegen Bayern ran

HÄRRINGERs SPOTTSCHAU
TRAINERSUCHE...
AUF SCHALKE: ABGESCHLOSSEN!
HIER IST ER, UNSER INTERNATIONALER STARTRAINER: FRED ÄH... ROTTEN VON TWENTE ENSCHEDE!
RUTTEN.
?!
FRED WER?
ALSO, AUF DEN WÄR' ICH NICHT GEKOMMEN!
BEIM HSV: MIT HOCHDRUCK BETRIEBEN - SEIT 5 MONATEN
WIR HABEN AKRIBISCH RECHERCHIERT UND EINE LISTE VON KANDIDATEN AUFGESTELLT.
UND WIR STEHEN KURZ VOR EINER EINIGUNG!
MIT EINEM TRAINER ODER MIT EINEM VEREIN?
ÄH... MIT DIDI BEIERS-DORFER.
WIR DISKUTIEREN GERADE, OB WIR DIE NAMEN ALPHABETISCH ODER GEOGRAPHISCH SORTIEREN.
BEIM BVB: OFFIZIELL KEIN THEMA!
KANN ICH DIESE LISTE MAL SEHEN, WENN IHR SIE NICHT MEHR BRAUCHT?
EY, DA LACH' ICH MIR DOCH DEN AAARSCH AB, EY!
HÄRRINGER

(rechts) Thomas Dolls Ausraster bei einer Pressekonferenz ist eine seiner letzten Aktionen in Dortmund

HÄRRINGERS SPOTTSCHAU

SUPERSTARS? ACH WAS! WIR SIND DOCH GANZ NORMALE MENSCHEN.
ICH BIN EINFACH NUR EIN GLÜCKLICHER MENSCH.
AUF SO EINER ABSCHIEDS-TOUR ERLEBT MAN SCHON SEHR EMOTIONALE MOMENTE.
ES GIBT IM LEBEN SCHLIESSLICH MEHR ALS FUSSBALL.
UNSER ZIEL HEISST GEWINNMAXIMIERUNG. DIE GROSSEN FRESSEN NUN MAL DIE KLEINEN, UND WIR WERDEN ALLES DARANSETZEN, UM DEN ABSTAND WEITER ZU VERGRÖSSERN!
PUUH... ZUM GLÜCK GIBT'S NOCH DEN RUMMENIGGE...
JA, ICH WAR AUCH SCHON DRAUF UND DRAN, DIE BAYERN SYMPATHISCH ZU FINDEN...

EINE GROSSARTIGE KARRIERE GEHT ZU ENDE: HEUTE IST DAS LETZTE AUSWÄRTSSPIEL VON OLLI KAHN.
MAL SEHEN, WAS DIE LEUTE HIER VOR DEM STADION DAZU SAGEN.
HELLMICH ARENA
MSV
TRAURIG? NATÜRLICH BIN ICH TRAURIG!
20 JAHRE LANG BIN ICH IHM HINTERHERGEFAHREN.
BEI JEDEM AUSWÄRTSSPIEL HAB' ICH MEINEN STAND AUFGEBAUT, BEI WIND UND WETTER.
DIE FANS HABEN MICH GELIEBT! SEHEN SIE: ICH BIN SCHON WIEDER AUSVERKAUFT!
UND JETZT IST ALLES AUS! BUHUHUU...
ÄH... WAS VERKAUFEN SIE? FC BAYERN-FANARTIKEL?
NEE, BANANEN.

HÄRRINGERs SPOTTSCHAU

SO EINE SAUEREI! KÜNFTIG SOLLEN DIE BUNDESLIGASPIELE FREITAGS, SAMSTAGS, SONNTAGMITTAGS UND SONNTAGABENDS STATTFINDEN!
ALLES NUR WEGEN DER KOHLE. ABER DIE RECHNUNG GEHT NICHT AUF!
WARUM NICHT?
WEIL NUR ARBEITSLOSE UND RENTNER DIE ZEIT HABEN, DAS ALLES ANZUSCHAUEN.
UND ES GIBT JA WOHL NICHT VIELE ARBEITSLOSE ODER RENTNER, DIE SICH RUND UM DIE UHR BEZAHL-FERNSEHEN LEISTEN KÖNNEN.
DOCH, DOCH, DIE GIBT'S.
RÜCKT MAL ZUSAMMEN, DA KOMMEN NOCH ZWEI.
Haus Schlusspfiff
Seniorenstift für ehemalige Bundesligatrainer
Entlassungs-Jahrgang 07/08

Kurz nach Saisonschluss erwischt es noch Thomas Doll und Michael Skibbe

DIE VERKÜNDIGUNG DES JOGI
(ZUGSPITZE, 16.5., 13:30 UHR)
WENIGSTENS KONNTE ICH DEM BIERHOFF NOCH DEN RAUSCHEBART UND DEN HEILIGENSCHEIN AUSREDEN...
EM KADER 2008: ADLER MARIN HELMES NEUVILLE ODUNKOR ...
NICHT DABEI: HILDEBRAND M. FRIEDRICH HILBERT CASTRO HANKE ...
nutella
burger

Der DFB präsentiert den vorläufigen EM-Kader medienwirksam auf der Zugspitze

OPERATION GIPFELSTURM

Vor dem Turnierstart ist nur Kapitän Ballack in EM-Form

HÄRRINGERs SPOTTSCHAU

DER LEHMANN IST EIN SICHERHEITS-RISIKO!
DER IST AUCH SCHON 30. DIE ZUKUNFT GEHÖRT DEM ADLER!
WARUM EIGENTLICH NICHT DER NEUER?
WEIL DER STÄNDIG AUSSETZER HAT!
HAB' ICH NICHT! FRANK ROST FIND' ICH GUT!
ICH SAG' NUR: TIM WIESE!
KLAR, DER HAT JA NIE GESPIELT!
DRUM IST ER JA AUCH OHNE FORM!
ICH SAG' SEIT JAHREN, DASS DER ENKE INS TOR GEHÖRT!
ACH WAS! DER HILDEBRAND WÄR DER BESTE GEWESEN!
DER WÄR JA MIT VALENCIA FAST ABGE-STIEGEN!
SIE HABEN AUCH AN ALLEN ETWAS AUS-ZUSETZEN!
ROST?! DA KANN ER JA GLEICH DEN KAHN WIEDER HOLEN!
NEE, DER LEHMANN!
WARUM NICHT? DER HAT DIE WENIGSTEN GEGENTORE KASSIERT!
DRUM IST ER BESTENS AUSGERUHT!
TORWART-DISKUSSION? WELCHE TORWART-DISKUSSION?

Trotz fehlender Spielpraxis ist Jens Lehmann bei Jogi Löw gesetzt

HÄRRINGERs SPOTTSCHAU

UND? MACHT DIE MANNSCHAFT FORTSCHRITTE?
NA JA... ICH LASSE GERADE STANDARDS ÜBEN.
DA HERRSCHEN JA IN DER BUNDESLIGA GEWISSE DEFIZITE...
STANDARDS? DAS IST IMMER GUT!
FREISTÖSSE, ECKEN ODER ELFMETER?
ÄH... IM MOMENT SIND WIR NOCH BEI DEN **EINWÜRFEN.**

IHR SEID DIE GRÖSSTEN! IHR SEID DIE BESTEN! IHR SCHLAGT SIE ALLE!
SIND WIR JETZT PLÖTZLICH SUPER, ODER HAT ER UNS NUR STARKGEREDET?
AAAH!
POLEN

Obwohl seine Schlüsselspieler außer Form sind, versprüht Jogi Löw den gewohnten Optimismus

HÄRRINGERS SPOTTSCHAU

ÄH, TRAINER...
DER POLDI HAT DOCH NACH SEINEN TOREN GEGEN POLEN NICHT GEJUBELT, WEIL ER IM HERZEN POLE IST.
UND?
NA JA... DAS BETRIFFT MICH JA AUCH. ICH BIN DOCH IN BRASILIEN GEBOREN...
UND WENN ICH IM WM-FINALE 2010 ZWEI TORE GEGEN BRASILIEN ERZIELE...
...WERD' ICH SIE AUCH NICHT BEJUBELN KÖNNEN!
ÄH... KEVIN, ES IST NICHT SEHR WAHRSCHEINLICH, DASS DU 2010 ÜBERHAUPT...
SCHLIESSLICH BIN ICH IM HERZEN BRASILIANER!
WENN ER'S NUR IN DEN FÜSSEN WÄRE..

HÄRRINGERs SPOTTSCHAU

UEFA
EURO 2008
DAS ANGEBOT AUS MADRID IST MIR EGAL.
ICH VERSICHERE IHNEN, DASS CRISTIANO HUNDERTPROZENTIG AUF DIE EURO KONZENTRIERT IST.
AUF WAS SONST?
100 MILLIO
EURO

Real Madrids Offerte an Superstar Ronaldo sorgt für Unruhe im portugiesischen Lager

HÄRRINGERs SPOTTSCHAU

AAH, TUT DAS GUT! EINFACH NUR EM-TOURIST SEIN. KEINE KAMERAS, KEINE MIKROFONE, KEIN HUB-SCHRAUBER, KEIN STRESS!
UND DOCH WERD' ICH IMMER NOCH ERKANNT, SOGAR VON DEN JÜNGEREN. DAS FREUT MICH. DENN WENN DU NICHT STÄNDIG IM FERNSEHEN BIST...
KRIEG' ICH EIN AUTOGRAMM?
SIE... SIE MACHEN DAS ÜBRIGENS RICHTIG GUT!
ÄH... WAS MACH' ICH GUT?
...SIND ANDERE BALD POPULÄRER ALS DU.
NA, DEN BECKENBAUER IMITIEREN! ICH LACH' MICH JEDESMAL SCHLAPP!
DIE GANZEN TICKS, UND DAS ALBERNE "SCHAU'N MER MAL"... SUUUPER!
IST DIE GLATZE EIGENTLICH RASIERT ODER AUS SILIKON?
GUCK MAL, DA IST DER, DER IMMER DIESEN WM-OPA NACHMACHT!
COOL!

HÄRRINGERS SPOTTSCHAU

RAFA
25 JAHRE, UNGEBUNDEN *
BIN FÜR JEDEN GROSSEN CLUB ZU HABEN!
* VERTRAG BEIM HSV (REINE FORMSACHE)
KOMPLETT-SERVICE: RECHTS- U. LINKSSCHUSS FREI- U. STRAFSTÖSSE AB 5 MIO € */ JAHR
*NETTO
NÄCHSTE SHOW: 20:45 GEGEN FRANKREICH
WIDERLICH, WIE DER SICH ANBIETET!
ACH, DIE HOLLÄNDER SIND DA LIBERALER.
HOFFENTLICH ERKENNT MICH HIER KEINER...
REAL
MAN U.
INTER
CHELSEA

Hollands van der Vaart betont bei jeder Gelegenheit, dass er den HSV für einen "großen Klub" verlassen würde

GRIECHENLAND AM ENDE... ANTIQUIERTE TAKTIK... VERSTAUBTES SYSTEM...
WIE KÖNNEN ES DIESE SCHREIBERLINGE NUR WAGEN, MEINE METHODEN IN FRAGE ZU STELLEN?!
ICH BIN DOCH NICHT VON GESTERN!

Nach dem Ausscheiden des Titelverteidigers steht Otto Rehhagel in der Kritik

HÄRRINGERS SPOTTSCHAU

BUHUUU!
VERGISS ES, PEPI, MIR MACHST DU KEINE ANGST.
CORDOBA
1978
HÄRRINGER

Vor dem Spiel gegen Deutschland bemühen die Osterreicher wieder mal den "Geist von Cordoba"

TOLLE PARTY!
EIN HOCH AUF DIE GASTGEBER!
WO SIND SIE EIGENTLICH?
ESPAÑA

HÄRRINGERs SPOTTSCHAU

ALSO, DER HERR LÖW IST JA SOWAS VON NETT.
ALS ER BEIM ÖSTERREICH-SPIEL HÖRTE, DASS ICH DA BIN, KAM ER GLEICH HOCH AUF DIE TRIBÜNE UND BLIEB DIE GANZE ZWEITE HALBZEIT BEI MIR.
UND ER ERKLÄRT EINEM JA ALLES SOOO GEDULDIG.
DA MUSS ICH MICH NATÜRLICH REVANCHIEREN.
HEUTE ABEND GEGEN PORTUGAL WERD' ICH IHN ÜBERRASCHEN...
...UND KOMME ZU IHM!
WIE, ER IST GESPERRT?!
WOHIN DENN?
SEI'S DRUM. JUNGER MANN, SIE KENNEN SICH JA SICHER AUCH EIN BISSCHEN AUS.
KÖNNEN SIE MIR ERKLÄREN, WIE DAS MIT DEM ABSEITS FUNKTIONIERT?
UND SIND UNSERE DIE ROTEN ODER DIE WEISSEN?
WISSEN SIE, ICH PERSÖNLICH MAG JA ORANGE AM LIEBSTEN, SO WIE MEIN BLAZER, UND...
SAGEN SIE, WIE LAUT MUSS ICH SIE ANSCHREIEN, DASS ICH AUCH AUF DIE TRIBÜNE DARF?
?!

Beim Österreich-Spiel wurde Jogi Löw vom Schiedsrichter auf die Tribüne geschickt

HÄRRINGERS SPOTTSCHAU
MEINE DAMEN UND HERREN, BEI MIR IST PIRMIN PENIBEL, SCHRIFTFÜHRER DER UEFA-REGEL-KOMMISSION.
HERR PENIBEL, WARUM WIRD EIN JOGI LÖW GESPERRT UND DER TRAINER DER TÜRKEI NICHT?
GANZ EINFACH: § 4832 B. UEFA STGB BESAGT, DASS EIN TEAMCHEF DEN RASEN DER COACHING-ZONE NICHT DAUERHAFT BETRETEN DARF.
UND DAS TUT DER HERR TERIM JA NICHT - ER IST JA MEISTENS IN DER LUFT.

HÄRRINGERS SPOTTSCHAU

DIESER TYP KOMMT MIR NICHT INS HAUS!
UND WARUM NICHT?!
WEIL ER PÖBELT, RAUCHT, WETTET UND BEI ALL SEINEN LEHRSTELLEN RAUSGEFLOGEN IST!
DER DA AUCH!
UND DER IST JEDEN ABEND HIER IM HAUS!
ICH RAUCHE WENIGSTENS NICHT HEIMLICH.

Der für das Portugal-Spiel gesperrte Jogi Löw wird in der VIP-Lounge beim Rauchen ertappt

HÄRRINGERs SPOTTSCHAU

BEI DIESER EM SEHEN DIE VORRUNDEN-GRUPPENSIEGER GANZ SCHÖN ALT AUS!
JA, FEHLT NUR NOCH DONADONI, DANN SIND WIR KOMPLETT.
AAH, DIESE BERGLUFT! ICH FÜHL MICH UM 10 JAHRE JÜNGER!
¡NOS VEMOS EN LA CIMA, MOCOSOOOS!*
*WIR SEHN UNS AUF DEM GIPFEL, GRÜNSCHNÄBEL!
W... WAS WAR DENN DAS?!
ARAGONÉS, DER SPANIER. WIRD ÜBRIGENS NÄCHSTEN MONAT 70.
WIE ALT BIST DU EIGENTLICH, JOGI?
LAUT PASS 48, ABER GEFÜHLT PLÖTZLICH DAS DOPPELTE.

Im EM-Viertelfinale setzen sich bis auf Spanien alle Gruppenzweiten durch

HÄRRINGERs SPOTTSCHAU

ICH GLAUBE,
DIE HABEN WIRKLICH
PERSONALPROBLEME...
HÄRRINGER

HÄRRINGERS SPOTTSCHAU

GUTEN ABEND. BEI MIR IST UNSER ÄHEM... "EXPERTE" GÜNTER NETZER...
JETZT FANGEN SIE SCHON WIIIIIEDER AN!
MIT WAS?
DER "EXPERTE" WAR IN ANFÜHRUNGSZEICHEN. DAS IST, GELINDE GESAGT, ÜBER GEBÜHR DESPEKTIERLICH.
UND AUSSERDEM SIND **SIE** BEI **MIR**, NICHT **ICH** BEI **IHNEN**!
GUT, ZUMINDEST SCHEINEN SIE IN FORM ZU SEIN. WAS SAGEN SIE DENN ZU DEN RUSSEN?
NICHTS. ICH KANN KEIN RUSSISCH.
ICH MEINE, ZU IHRER SPIELWEISE.
ACH SO. NUN, DIE SPIELEN SO WIE ICH FRÜHER: ATTRAKTIVEN, VERTIKALEN HOCHGESCHWINDIGKEITSFUSSBALL.
HA! DER WAR GUT. ABER IM ERNST...
DAS **IST** MEIN ERNST!
NEIN, ICH MEINE: IM ERNST-HAPPEL-STADION BEGINNT DAS ZWEITE HALBFINALE. UND DAS MOTTO VON WALDIS EM-CLUB DANACH LAUTET: WODKA ODER SANGRIA?
DIE NERVEN, DIE EXPERTEN.
UND WIR BRAUCHEN DIE SOWIESO NICHT, WAS, GISELA?
NEE. SAG MAL, HAT DER BECKENBAUER ZUGENOMMEN?
HÄRRINGER

HÄRRINGERs SPOTTSCHAU

ICH KANN'S IMMER NOCH NICHT FASSEN! DA SIND WIR 90 MINUTEN LANG DIE BESSERE MANNSCHAFT, SPIELEN DEN SCHÖNEREN FUSSBALL UND HABEN DIE KLAREREN TORCHANCEN!
UND WER STEHT AM ENDE IM FINALE? DIE DEUTSCHEN!
90 MINUTEN LANG BESSER!
90 MINUTEN!
UND DIE SIND IM FINALE! DAS KANN SICH JA GAR KEINER VORSTELLEN, WIE BITTER DAS IST!
DOCH.
DAS KENNEN WIR SEIT EINEM HALBEN JAHRHUNDERT.
USA 2002
HOLLAND '92
ITALI '96
FRA '82
ALGERIEN '82
DDR '74
HOL '74
UNGARN '54
ENGLAND '96

HÄRRINGERs SPOTTSCHAU

DIE HABEN WIEDER EINE MANNSCHAFTS-SITZUNG OHNE TRAINER. SCHWÖREN SICH WOHL AUF DAS FINALE EIN.
ICH BIN STOLZ AUF UNSERE JUNGS. DAS SIND MEINE WÜRDIGEN NACHFOLGER!
NUR 250.000 € SIEGPRÄMIE?!
UND DAFÜR HAST DU DAMALS STUNDENLANG VERHANDELT?
MANN, DAS IST MEHR, ALS DIE SPANIER KRIEGEN!
DIE ÖSIS HÄTTEN EINE MILLION FÜR DEN TITEL BEKOMMEN!
JA, BEI EINER WAHRSCHEINLICHKEIT VON EINS ZU EINER MILLION!
WIE? WAS? MILLION? WO?
250.000... DAS REICHT GERADE MAL FÜR EINEN ZWEIT-HUMMER...
ACH, ICH HAB' NICHTS GEGEN EIN EXTRA MONATS-GEHALT...
WARUM KRIEGEN EIGENTLICH DIE ERSATZ-SPIELER DASSELBE, OBWOHL SIE NICHTS TUN?
DIE ZEIGEN DIR GLEICH, WAS SIE TUN!
UND DU KÖNNTEST DICH AUCH MAL EIN BISSCHEN FREUEN, OLIVER.
FÜR EINEN GLADBACHER IST DAS DOCH VIEL GELD!
DAS IST ES JA. WENN WIR VERLIEREN, HAB' ICH EIN JAHRESGEHALT VERGEIGT...

HÄRRINGERS SPOTTSCHAU

HALLO DEUTSCHLAAAND!
HALLO SCHWEINI!
GEILES GEFÜHL! WIR SIND WIE ROCKSTARS!
VON MIR AUS KÖNNTE DAS IMMER SO WEITERGEHEN! JEDE WOCHE EIN LÄNDERSPIEL, DANACH ABFEIERN...
DIE BAYERN... DAS TAT JA SOOO GUT, EINE ZEITLANG NICHTS VON DENEN ZU HÖREN.
...UND DIE BAYERN KÖNNTEN UNS GESTOHLEN BLEIBEN!
16
WAS WOHL DER HOENESS GERADE MACHT, DER VOLLGEFRESSENE WURSTVERKÄUFER?
WAHRSCHEINLICH REGT ER SICH WIEDER MAL ÜBER IRGENDWAS AUF...
...UND LÄUFT PUTERROT AN, HAHA!
DU, POLDI, WARUM LACHEN DIE DENN ALLE?
ÄH... HAST DU EIGENTLICH DAS MIKROFON AUSGEMACHT?
OOPS.

Am Tag nach dem Finale lassen sich die Verlierer auf der Berliner Fanmeile feiern

HÄRRINGERS SPOTTSCHAU

WARUM DER BIERHOFF WOHL HEUTE MORGEN NOCHMAL EINE PRESSEKONFERENZ ANGESETZT HAT?
KEINE AHNUNG. ICH HOFFE, ER MACHT'S KURZ.
ICH BIN AUSGEBRANNT. MUSS DAS GANZE AUF UND AB DIESER BERGTOUR ERSTMAL MENTAL VERARBEITEN...
BERGTOUR?! LEUTE, DAS IST SCHNEE VON GESTERN!
?!
AB SOFORT HABEN WIR EIN NEUES ZIEL: SÜDAFRIKA 2010!
DAS MOTTO LAUTET: HEIA SAFARI!
UND DAAA KOMMT ER! SEIN NAME IST PROGRAMM: BEGRÜSSEN SIE MIT MIR DEN CHEF-GROSSWILDJÄGER JOOOG!!! LÖÖW!
FLICK
LÖW
ZWANZIGER
WM

HÄRRINGERS SPOTTSCHAU
ES GEHT DOCH NICHTS ÜBER EINE MASS BIER UND EINE PRISE SCHNUPFTABAK IM BAYERN-VEREINSHEIM, WAS, GERD?
JA, HÖHÖ.
HALT! SIND SIE AKKREDITIERT?
OB ICH WAS BIN?!
ICH TRINK UND SCHNUPF HIER SEIT 50 JAHREN, UND...
ZUTRITT IN DIE FCB-SERVICE-AREA HAT NUR, WER PERSÖNLICH AKKREDITIERT IST.
ORDER VOM NEUEN BOSS.
UND DER GENUSS VON RAUSCHMITTELN IST SOWIESO VERBOTEN.
PASS AUF, DU BREZNSALZER: DA DRIN IST MEINE SCHNUPFTABAK-KANONE...
UND MEINE TORJÄGER-KANONEN!
UND WENN WIR NICHT SOFORT DA DRAN KOMMEN, DANN KRACHT'S, ABER SAKRISCH!
VERSTÄRKUNG ZU TOR C!
WER DAS WAR? ZWEI SPINNER, DIE MIT WAFFENGEWALT HIER EINDRINGEN WOLLTEN.
DU HAST RECHT, JÜRGEN. WIR MÜSSEN UNS VOR DIESEN WILDEN FAN-HORDEN ABSCHOTTEN.
TJA, "FAN" KOMMT NUN MAL VON "FANATISCH".

Die Bayern läuten die Ära Klinsmann mit der Einweihung des hypermodernen Trainingszentrums ein

EEEINS... ZWEEEI... UND LACHEN!
SSST.
NICHT BEWEGEN! ICH MACH' ZUR SICHERHEIT NOCH EINS.
ALSO, IRGENDWIE HATTE ICH MEHR MEDIENPRÄSENZ BEI DER MANNSCHAFTSVORSTELLUNG ERWARTET...
NA JA, UMSO BESSER. DANN KANN MAN HIER IN RUHE ARBEITEN.
KLICK! KLICK! KLICK! KLICK! KLICK! KLICK! KLICK! KLICK! KLICK! KLICK! KLICK! KLICK! KLICK! KLICK! KLICK! KLICK! KLICK!
HSV
REAL MADRID

Wechseltheater, letzter Akt: ein paar Tage später war van der Vaart dann wirklich weg

HÄRRINGERS SPOTTSCHAU

DIE BUNDESLIGA MUSS SAMSTAGS VOR 20 UHR IM FREI EMPFANGBAREN FERNSEHEN LAUFEN!
IST DAS KLAR?!
RICHTIG SO!
JA, OHNE UNSERE WETTBEWERBSHÜTER WÜRDEN DIE SICH ABSPRECHEN UND MIT UNS MACHEN, WAS SIE WOLLEN.
BUNDES-KARTELL-AMT
ESSO
TOTAL
ARAL
elf
JET
Agip
bp
HÄRRINGER

Neue Auflagen des Bundeskartellamts gefährden den Millionen-Deal der DFL mit der Kirch-Gruppe

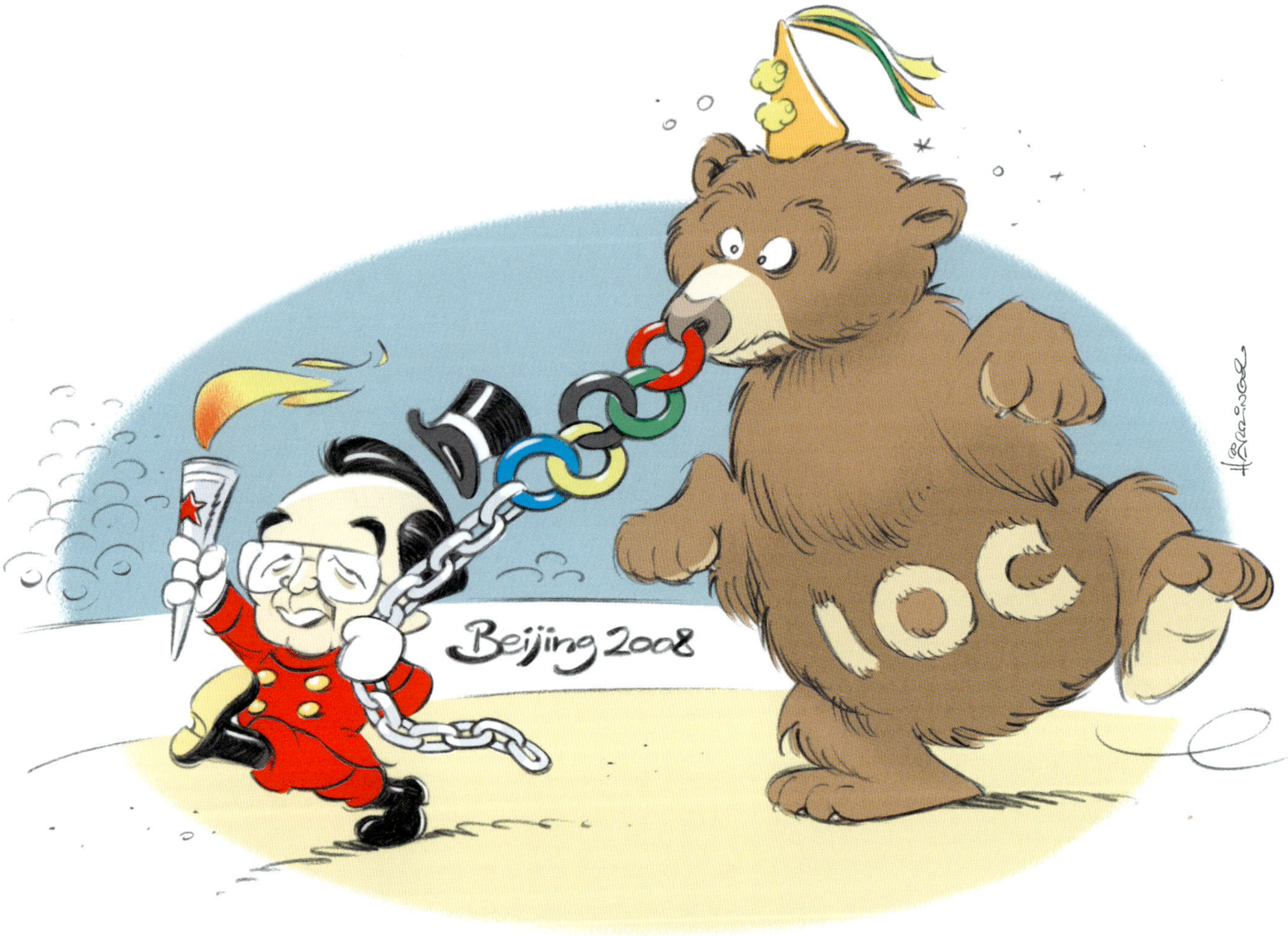
Beijing 2008
IOC

MANEGE FREI!

KAI KAPUTTKE – UNSER MANN IN PEKING

GESTATTEN, KAI KAPUTTKE. ICH SITZE GERADE IM FLIEGER NACH PEKING. ALS OLYMPIA-BERICHT-ERSTATTER FÜR DIESE ZEITUNG. IST SCHON EIN VERDAMMT HARTER JOB. ABER ICH MACH´ DAS BESTE DRAUS.
HEY BABE, BRINGST DU MIR NOCH ´NEN "SEX ON THE BEACH"?
BIN JA EIGENTLICH AUF FUSSBALL SPEZIALISIERT. ZWEITE LIGA.
ABER UNTER UNS: WENN DU EINE SPORTART KENNST, KENNST DU SIE ALLE.
PRESS
UND MEIN CHEFREDAKTEUR WIRD SCHON WISSEN, WARUM ER GERADE MICH NACH PEKING SCHICKT.
YIPPIEEH! DREI WOCHEN LANG KEIN DUMMES GELABER!
KEINE ANGEBEREI!
KEINE BELÄSTI-GUNGEN!
NUR SCHADE, DASS OLYMPIA NUR ALLE VIER JAHRE IST...

KAI KAPUTTKE - UNSER MANN IN PEKING
DIE EINREISE NACH CHINA VERZÖGERTE SICH LEICHT, DA ICH WEGEN "VERSUCHTER EINFUHR VON PROPAGANDA-MATERIAL" VERNOMMEN WURDE.
ZUM HUNDERTSTEN MAL: DAS HAT MIR EIN KOLLEGE AUSGELIEHEN!
是什么意思?
ER SAGT, ER HAT EINEN KOMPLIZEN.
PRESS
Tim in Tibet
ICH WURDE DANN ZUM HOTEL GEBRACHT, DAS ALLERDINGS NICHT GANZ WESTLICHEM STANDARD ENTSPRICHT. DA HAT DIE ZEITUNG WIEDER MAL AM FALSCHEN PLATZ GESPART.
UND DIE KOLLEGEN HATTEN RECHT: DER GANZE LADEN IST VERWANZT.
ABER EIN SPORTJOURNALIST VERBRINGT SOWIESO MEHR ZEIT AN DER HOTELBAR ALS IM ZIMMER.
KAPUTTKE. KAI KAPUTTKE. FÜR MEINE FREUNDE "KAI PIRINHA".
TREIBST DU AUCH... SPORT?
NEIN, ABER MEIN MANN.
DER WAR MITGLIED DER KIRGISISCHEN FREISTILRINGER-STAFFEL. ICH DISPONIERTE DANN KURZFRISTIG UM UND KROCH ZURÜCK AUF MEIN ZIMMER.
NORMALERWEISE HÄTT ICH IHN ERLEDIGT.
DA SIEHT MAN WIEDER, DASS DIE ALLE DOPEN!

KAI KAPUTTKE – UNSER MANN IN PEKING

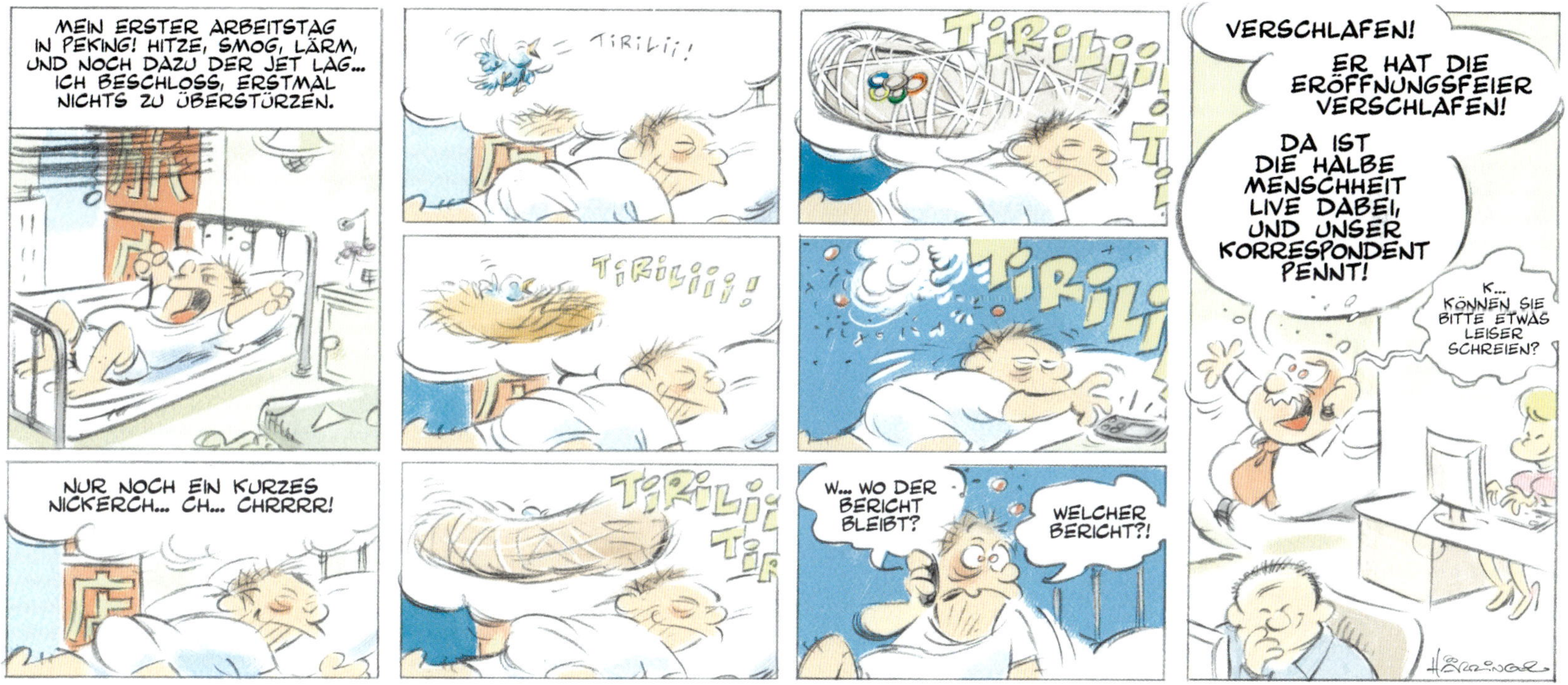
MEIN ERSTER ARBEITSTAG IN PEKING! HITZE, SMOG, LÄRM, UND NOCH DAZU DER JET LAG… ICH BESCHLOSS, ERSTMAL NICHTS ZU ÜBERSTÜRZEN.
NUR NOCH EIN KURZES NICKERCH… CH… CHRRRR!
TIRILII!
TIRILIIII!
TIRILII
TIRILIII
TIRILI
W… WO DER BERICHT BLEIBT?
WELCHER BERICHT?!
VERSCHLAFEN!
ER HAT DIE ERÖFFNUNGSFEIER VERSCHLAFEN!
DA IST DIE HALBE MENSCHHEIT LIVE DABEI, UND UNSER KORRESPONDENT PENNT!
K… KÖNNEN SIE BITTE ETWAS LEISER SCHREIEN?
HÄRINGER

KAI KAPUTTKE – UNSER MANN IN PEKING

AUF DEM WEG ZUM PRESSEZENTRUM FIEL MIR AUF, DASS IN CHINA IMMER IRGENDWELCHE LEUTE IRGENDWO SCHLANGE STEHEN. NA JA, WENN'S IHNEN GEFÄLLT...
书店。
商店
ICH WOLLTE HEUTE MAL DEM ERSTEN SUPERSTAR AUF DEN ZAHN FÜHLEN. DOCH ERSTMAL MUSS MAN SICH AKKREDITIEREN LASSEN
MPC
MAIN PRESS CENTRE
THIS WAY, SIR!
ALS ICH SCHLIESSLICH DRANKAM, WURDE ICH FREUNDLICH GEFRAGT, WEN ICH DENN ZU INTERVIEWEN GEDENKE
HMMM... MICHAEL PHELPS? VIELLEICHT EINEN NBA-STAR... ODER MESSI... NADAL... ZUR NOT GEHT AUCH FEDERER.
PRESS
UND EBENSO FREUNDLICH WURDE MIR DANN JEMAND ANDERES ZUGEWIESEN. (DIE SUPERSTARS WAREN WOHL GERADE AUSGEBUCHT)
ÄH... WIE WIRD MAN MASKOTTCHEN?
MUSS MAN DA MITGLIED DER PARTEI SEIN?
NO POLITICAL QUESTIONS!

KAI KAPUTTKE – UNSER MANN IN PEKING

DAS MIT DER ÜBERWACHUNG UND ZENSUR IST HALB SO WILD. ICH HAB' HEUTE MORGEN IM INTERNET DIE GANZEN KRITISCHEN BEGRIFFE GEGOOGELT
DEMOKRATIE... TIBET... TAIWAN...
PRESS
NATÜRLICH NICHT VON MEINEM LAPTOP AUS, SONDERN ANONYM IM INTERNET-CAFÉ.
网吧
INTERNET
ICH BIN DOCH NICHT BLÖD!

KAI KAPUTTKE - UNSER MANN IN PEKING

HALLO CHEF! WO ICH BIN? BEIM BEACHVOLLEYBALL. ICH GLAUBE, DIESE SPORTART LIEGT MIR UND ICH KANN DIE NÄCHSTEN TAGE...
Beijing 20
KAPUTTKE, ICH WILL HEUTE INTERVIEWS MIT ALLEN DEUTSCHEN GOLDMEDAILLEN-GEWINNERN!
ABER...
KEIN ABER! AUSFÜHRUNG! SIE WERDEN NICHT FÜRS NICHTSTUN BEZAHLT!
UND NOCH WAS: FAHREN SIE NICHT IMMER TAXI! WIR MÜSSEN SPAREN!
NA PRIMA. DA SIND DUTZENDE VON WELTSTARS IN DER STADT, UND ICH DARF EINEN KANUFAHRER, EINEN JUDOKA UND DIE VIELSEITIGKEITSREITER INTERVIEWEN.
REITER. ICH WEISS JA NICHT MAL, WO HIER DIE REITANLAGE IST. SICHER GANZ WEIT DRAUSSEN.
HEEE... MOMENT MAL!
HONG KONG?!
WAS ZUM KUCKUCK MACHEN SIE IN HONG KONG?!
ICH BEREITE MICH AUF DAS INTERVIEW MIT DEN REITERN VOR.
DIE ANLAGE IST TATSÄCHLICH ETWAS ABGELEGEN.
ABER KEINE ANGST, ICH HAB' EIN FLUGZEUG GENOMMEN, KEIN TAXI.

KAI KAPUTTKE - UNSER MANN IN PEKING

VOR TAGEN HATTE ICH EIN INTERVIEW MIT DIRK NOWITZKI BEANTRAGT. ENDLICH KAM DIE BEWILLIGUNG, DASS ES KLAPPT! NERVÖS WARTETE ICH IM PRESSEZENTRUM UND ÜBERLEGTE MIR DIE FRAGEN
DARF ICH EIN FOTO MIT IHNEN MACHEN?
KRIEG' ICH EIN AUTOGRAMM?
ODER EIN TRIKOT?
ICH WERDE NIE ERFAHREN, OB ES AN MEINER HANDSCHRIFT ODER AN EINEM COMPUTERFEHLER LAG. AUF JEDEN FALL ERSCHIEN NICHT DIRK NOWITZKI, SONDERN EINE GEWISSE JANA NOWETZKAIA, GEWICHTHEBERIN AUS WEISSRUSSLAND
EINEN MOMENT LANG SPIELTE ICH MIT DEM GEDANKEN, SCHREIEND DAVONZULAUFEN
ABER DANN SIEGTE DOCH DIE JOURNALISTISCHE NEUGIER
RASIEREN SIE SICH TROCKEN ODER NASS?

KAI KAPUTTKE - UNSER MANN IN PEKING

GESTERN ABEND BESUCHTE ICH EINEN TYPISCHEN CHINESISCHEN NACHTMARKT
PRESS
WAS DIE NICHT ALLES ESSEN! ICH STELLTE BALD FEST, DASS ICH IN DIESER HINSICHT DOCH EHER WESTLICH ORIENTIERT BIN...
ALS ICH MICH SCHON HUNGRIG AUF DEN HEIMWEG MACHEN WOLLTE, STIEG MIR UNERWARTET, ABER DAFÜR UMSO INTENSIVER EIN VERTRAUTER DUFT IN DIE NASE
DIE GUTE ALTE BRATWURST. DA WEISS MAN, WAS MAN HAT!
HOT DOG
热狗

KAI KAPUTTKE – UNSER MANN IN PEKING

GESTERN WAR ICH DAS ERSTE MAL BEIM TURNEN. MEIN NACHBAR AUF DER PRESSETRIBÜNE WAR MARCEL MIESE, DER MECKERER
SCHAUT EUCH DIESE CHINESINNEN AN!
DAS SIND DOCH KINDER! DA IST JA KEINE ÄLTER ALS 14 JAHRE!
DAS IST EIN SKANDAL!
ICH BIN JA NICHT SO DER KUNSTTURN-SPEZIALIST, ABER IRGENDWANN LIESS AUCH ICH MICH ZU KOMMENTAREN HINREISSEN
RECHT HAT ER! UND DER KNIRPS DA UNTEN IST ALLERHÖCHSTENS 15!
ÄH, KAPUTTKE, DAS IST DER HAMBÜCHEN.
DAS IST ÜBERHAUPT NICHT HANEBÜCHEN! DAS SIEHT DOCH JEDES KIND!
WAHRSCHEINLICH WIRD ER VON SEINEM SCHURKENSTAAT ZUM SPORT GEZWUNGEN! DA! DER FÄLLT JA STÄNDIG VON SEINEM GERÄT RUNTER!
MIT EINIGER WAHRSCHEINLICHKEIT WAR ICH GESTERN AUCH DAS LETZTE MAL BEIM TURNEN
NATIONAL INDOOR STADIUM
艺 术 体

KAI KAPUTTKE - UNSER MANN IN PEKING

HI! DAS HIER IST EIN PRESSEAUSWEIS. NA, WAS SAGST DU?
ZIEH LEINE!
HEY BABE, I'M A JOURNALIST...
SO WHAT? LEAVE ME ALONE!
I'M REPORTER FOR GERMANY'S BIGGEST NEWSPAPER, AND...
COOL IT, MAN!
KOMISCH, ZU HAUSE HAT DAS IMMER FUNKTIONIERT...
新闻中心
MPC
Main Press Centre

Kai Kaputtke – Unser Mann in Peking

WENN'S NACH MEINEM CHEF GINGE, HÄTTE ICH HEUTE ÜBER DEN SPEERWURF DER FRAUEN BERICHTEN SOLLEN. ABER ICH BESCHLOSS, MIR AUCH MAL EINEN FREIEN TAG ZU GÖNNEN UND – ALS TOURIST VERKLEIDET – DIE GROSSE MAUER ZU BESICHTIGEN
DER DA KÖNNTE DEUTSCHER SEIN...
ALSO LOS!
HALLO, WIR SIND VOM DEUTSCHEN FERNSEHEN UND MACHEN EINE REPORTAGE ÜBER LANDSLEUTE IN CHINA...
OH NEIN...
NO, NO, NIX UNDERSTAND!
I AM FROM ...ÄH TIMBUKTU AND...
DER KOMMT MIR IRGENDWIE BEKANNT VOR...
DA! ER HAT 'NEN PRESSEAUSWEIS!
KAPUTTKE, ALTER SCHWEDE!
HAUT AB! MACHT EURE AUFZEICHNUNG WOANDERS! WENN DAS MEIN CHEF SIEHT!
WELCHE AUFZEICHNUNG? WIR SIND LIVE!

KAI KAPUTTKE - UNSER MANN IN PEKING

ES IST KAPUTTKE! ER HAT DEN HAUPT-AKTEUR IM DOPINGFALL UM DIE DEUTSCHEN SPRINGREITER IM EXKLUSIV-INTERVIEW!
KAPUTTKE! DIESER TEUFELSKERL! ICH HAB' IMMER AN IHN GEGLAUBT!
LOS, SCHREIBEN SIE MIT, WAS ER ZU SAGEN HAT, DER AHLMANN!
ÄH, ICH HAB' DEN HAUPTAKTEUR HIER, NICHT DEN REITER.
WIIIEHER!

KAI KAPUTTKE – UNSER MANN IN PEKING

DAS LETZTE OLYMPIA-WOCHENENDE. ICH SOLL VON DER TECHNISCHEN KÜR DES SYNCHRON-SCHWIMMENS BERICHTEN. UND TATSÄCHLICH ERLEBE ICH 90 MINUTEN SPANNUNG, LEIDENSCHAFT UND ADRENALIN PUR...
...BEI JENA GEGEN KICKERS EMDEN IM INTERNET-LIVESTREAM!
WORAUF WARTEST DU?! ZIEH AB!!!
ABSCHIED LIEGT IN DER LUFT: ZUM LETZTEN MAL DIE TOPSTARS INTERVIEWEN
WORAN LAG ES, DASS SIE NUR SECHSUNDDREISSIGSTE WURDEN?
DIE ANDEREN WAREN DOCH ALLE GEDOPT.
ACH, WIR NICHT?
ZUM LETZTEN MAL FACHSIMPELN MIT DEN SYMPATHISCHEN KOLLEGEN IM PRESSEZENTRUM
NA, KAPUTTKE, WEISST DU INZWISCHEN, WER USAIN BOLT IST?
LOGO.
HUSSEIN WER?
UND ZUM LETZTEN MAL AN DER GUTEN ALTEN HOTELBAR (AUCH WENN MEINE MORAL IN LETZTER ZEIT ETWAS GELITTEN HAT)
OB ICH SIE... NEE, ALTER, DU BIST HIER ZWEI WOCHEN LANG NUR ABGEBLITZT.
NOCH 'NEN CAIPIRINHA, CHEF!
WENN MICH DOCH NUR MAL EIN JOURNALIST ANSPRECHEN WÜRDE...

Kai Kaputtke – unser Mann in Peking

HALLO! ICH BIN SCHON WIEDER IM FLUGZEUG. GLEICH GEHT´S LOS NACH FRANKFURT. 10 STUNDEN, GANZ SCHÖN LANG. DOCH VORHIN BEIM EINCHECKEN KAM MIR DIE GENIALE IDEE:
ES MÜSSEN JA JEDE MENGE SPORTLER HIER AN BORD SEIN! ALSO HAB´ ICH DEM MÄDEL VOM LUFTHANSA-SCHALTER EIN PAAR EURO ZUGESTECKT, DAMIT SIE MIR EINEN OLYMPIA-SIEGER ALS NACHBARN ZUSCHANZT!
DANN VERGEHT DIE ZEIT WIE IM FLUG, ICH HAB´ BEI DER LANDUNG MEIN EXKLUSIV-INTERVIEW, UND DER CHEF WIRD...
´TSCHULDIGEN´S, IS´ DÖS 7A?
...PLATT SEIN.

Gewichtheber Matthias Steiner ist Olympiasieger im Superschwergewicht

HSV
REAL
MADRID